ENDLOSE GEDANKEN
....während die Stadt schlief

GEDICHTE

Endlose Gedanken
...während die Stadt schlief
Hüsnü Özdilek

Bibliografische Information der Deutschen Nationalbibliothek:
Die Deutsche Nationalbibliothek verzeichnet diese Publikation in der
Deutschen Nationalbibliografie; detaillierte bibliografische Daten sind im
Internet über dnb.dnb.de abrufbar.

© 2016 Hüsnü Özdilek
Herstellung und Verlag:
BoD – Books on Demand, Norderstedt

ISBN : 9783741298035

1. Auflage, 29.10.2016

Layout: Hüsnü Özdilek
Titelbild: Jaroslaw Miernik

Kontaktdaten
e-mail: hsn66@arcor.de
kiziltug66@hotmail.de
facebook/Hüsnü Özdilek

ENDLOSE GEDANKEN
....während die Stadt schlief

GEDICHTE

HÜSNÜ ÖZDILEK

Mein besonderer Dank an....

meinen Sohn Burak-Ahmet,
der mir bei den Übersetzungen geholfen hat.

Herrn Klaus Klar für seine moralische
Unterstützung bei dem Vorstand der
Rheinischen Bahngesellschaft.

Herrn Dietmar Stoffels für seine Einladungen
für kulturelle Aktivitäten und Unterstützung.

Herrn Stefan Kayser für das Korrekturlesen.

HÜSNÜ ÖZDILEK

1966 wurde er in Ankara geboren. Nach der Grundschule, kam er 1978 nach Deutschland. Nach seinem Hauptschulabschluss, begann er die Berufsschule zu besuchen. Seit dem 3. Oktober 1988 arbeitet er bei der Rheinbahn-AG zunächst als Schweißer, wobei er nach 3 Jahren zum Fahrdienst als Bus- und Bahnfahrer überging. Nach 20 Jahren im Fahrdienst ging er wieder zur Schweißabteilung und arbeitet nach wie vor in Lierenfeld Düsseldorf als Schweißer.

Er ist verheiratet und hat 4 Kinder. Seit seinem 16. Lebensalter schreibt er leidenschaftlich Gedichte. Bis 2016 hat er 3 Bücher veröffentlicht. Er veröffentlichte erstmals ein Buch im Jahr 1992 „Türkiye'den Uzaklarda" (weit weg von Türkei). Darauf folgt 15 Jahre später im Jahr 2007 „Alaca Sayfalar" (Bunte Seiten) und 2014 sein bis jetzt aktuellstes Buch „Yalnız Gölgeler" (Einsame Schatten). Außerdem hat er an vielen verschiedenen Anthologien teilgenommen. Einige seiner Gedichte wurden komponiert.

Die Themen seiner Gedichte handeln über Liebe, Sehnsucht und Einsamkeit, die somit eine empathische Grundlage für komplexe Themen bilden. Hinzu behandelte er sozial- gesellschaftliche Probleme der aktuellen Zeit, sowohl in der Türkei, wie auch in Deutschland.

Bis jetzt hat er seine Gedichte nur in Türkisch geschrieben, aber er möchte, dass die deutsche Öffentlichkeit auch von seinen Gedichten erfährt und liest. Deshalb hat er einige seiner Gedichte in die deutsche Sprache übersetzt, da er seine Gedichte nur in Versmaß und nach Reimschema schrieb, war es schwierig Wort für Wort zu übersetzen. Ein komplexes Problem dessen Lösung sich nur schwer fand, war es die passenden Worte für seine Werke und Metaphern zu finden. Besonders schwierig ist es, das Reimschema und die Silbenzahl beizubehalten. Aus diesem Grund versuchte er die Übersetzung sinngemäß und nach freier Form wiederzugeben.

INHALT

Vorwort 9
Endlose Gedanken 12
Einsame Schatten 13
Wenn ich beginne 14
Ich denke an dich 16
Schöne Rose 17
Für meine Grünäugige 18
Erinnerst du dich noch? 19
Einsamkeit 20
Wieder und wieder 21
Vergiss mich nicht 21
Wenn du einmal 22
Weisst du noch? 23
Das unendliche Warten 24
Liebe 24
Trostlosigkeit 25
Ich brauche deine Wärme 26
Lasst mich bitte 28
Nachdem ich 29
Eine Liebesgeschichte 30
Wofür 31
Zum Grübchen der Liebe 32
Dich vergesse ich nie 33
Komm endlich 34
Jeder soll mich hören 34
Nach dir 35
An dem Huf des Windes 36
Last der Liebe 37
Du bist mein Gedicht, das nie endet 38
Bana Türkçe bir sevgi ver 39
Unermüdlich 40
Am Ufer 41
Das Lied der Wimpern 42

Kannst du dich erinnern?...43
Willkommen...44
Sehnsucht nach dir...45
Dir Zuliebe...46
Nach vielen Jahren...47
Während die Stadt schlief...49
Vater Rhein...50
Unreife Gedanken...52
Der erste Bus...53
Es ist die Zeit...54
Was ist das?...55
Die Jahre vergehen...56
Die Zeit...57
Unvollendet...58
Nach dem Tage...59
Warum bist du so traurig Vater Rhein...60
Diese Stadt...61
Bunte Seiten des Lebens...62
Muttertag...64
Das wahre Ziel...65
Mein Lehrer...66
Wie ein Blatt...67
Wege...68
Vor mir...69
Warum...70
Ich schäme mich...70
Sage es mir...71
Die Städte...72
Qualität...72
Eine Welt in Frieden...73

Kindheit...76
Kraft des Lebens...77
Knospen der Welt...78
Ich bin ein Kind in Palästina...79
Tote Kinder weinen nicht...80

Vorwort

Liebe Leser/innen,

nun treffen wir uns mit meinem vierten Gedichtsbuch wieder. Dieses Mal jedoch sind alle meine Gedichte auf deutsch verfasst. In jedem einzelnen steckt sehr viel Mühe und Herzensblut.

Inspiriert von meinen eigenen Erlebnissen und Lebenserfahrungen, die ich in meinen ganzen 50 Jahren sammelte, entstanden alle meine Gedichtsbücher. Viele der Gedichte wurden aus Trauer und Verzweiflung geboren und manche wiederum entstanden durch Liebe und Glücksgefühle.

Ich hoffe, dass Ihnen dieses Buch gefallen wird und lade Sie nun herzlich auf eine ganz persönliche Reise der Poesie und Gefühle ein.

- Dieses Buch widme ich meiner Tochter Zehra -

„Die Quelle aller Dinge dieser Welt, ist allein die Liebe..."

Fuzuli
(1483-1536) türkischer Dichter, der seine Werke in drei Sprachen schrieb..

ENDLOSE GEDANKEN

Wenn die Worte in der Schale der Logik verdunsten,
dann stehen die Gedanken wie ein getrockneter Fluss.
Wenn die Gefühle inmitten des Verstands aufgehängt werden,
wird das Herz gewissenlos betrogen durch den Geist...

Die Kommata beugen sich, wenn die Punkte müde sind,
die Antworten abortieren, wenn sinnlos gefragt wird.
Und wenn bei einem dummen Menschen die Sätze beulen,
dann laufen die Phrasen Amok.

Manchmal beteiligen sie sich an der Sünde eines Despoten,
manchmal überschreiten sie die Grenzen der Phantasien,
manchmal lassen sie Hoffnung in der Hand eines Unterdrückten
und lindern die unendlichen Schmerzen..

Sie sind grenzenlos und bürgen für alle Meinungen,
sie beachten nicht, wenn sie nackt in die Leere gepflanzt werden.
Und wenn sie im Kreuz des Lebens angenagelt werden,
mal entzünden sie das Universum, mal löschen sie es.

Manchmal knabbert das Gedächtnis der Zeit,
manchmal wird der Zweifel dadurch ausgepeitscht.
Und ständig kreiselt die Menschheit um sich herum,
die Gedanken sind das Mächtigste des Menschen.

*-nur mein Schatten teilt sich meine stumme Einsamkeit
während mein Schatten keinen Freund für seine Verlassenheit findet-*

EINSAME SCHATTEN

Als die Winde die Wangen von Erciyes* streichelten,
habe ich die Haare der Liebe in der Ruine geflochten,
als dein Atem in deinen Lippen entbrannte,
begleitete unsere Begegnung uns in der Ruine.

Nur die einsamen Schatten verfolgten uns dabei,
die Handflächen von der Finsternis gekreuzigt!
Ich belebte seit einer Ewigkeit unfruchtbar gelassene
Acker deines Leibes in der Ruine.

Deine Abwesenheit lag auf meinem Körper,
wie ein beschnittenes Leichentuch*.
Die Lösung war weder Philosophie noch Wissenschaft...
Während meine Vernunft mir meine Freiheit gab,
war ich nicht mehr gefangen, sondern frei in den Ruinen.

Als ich die Luft des fremden Himmels aufzäumte,
vor den Befehlen deiner Seele niederkniehend,
als ich von deinen Augen in die Spitze deiner Seele aufstieg,
war ich ein Blinder, die Dunkelheit in den Ruinen verspürend.

Die Hoffnung haben wir gefasst, als wir hoffnungslos waren.
Die Schnur namens „Leben" trennte ich verzweifelt,
als wir eine neue Seite öffneten.
Und, in der Mitte der Steppe, verloren wir die Zeit in den Ruinen.

*Der Berg Erciyes ist ein 3917 m hoher ruhender Vulkan in der Türkei. Der Berg ist ein Wahrzeichen der Stadt Kayseri.

*Leichentuch: Ein weißes Tuch, in das man früher im Christentum oder noch heute im Islam einen Toten einwickelt und beerdigt.

WENN ICH BEGINNE

Wenn ich beginne von dir zu erzählen,
sucht meine Vernunft einen Halt,
mein Verstand zerbröckelt.
Wenn ich beginne von dir zu erzählen,
drehen sich die schönsten Wörter um mich.

Vor mir zerbrechen Asche und Staub,
das Wasser schwitzt in Perlen vor mir.
Die Einsamkeit wird stumm und taub.
Wenn ich beginne von dir zu erzählen.

Die Liebe, die jeden Morgen aufkeimt,
versteckt sich in Deinen braunen Augen,
deine Schönheit vermehrt sich Silbe um Silbe,
wenn ich beginne von dir zu erzählen.

Lieder werden geschmiedet vom *saz,
vielleicht von *Köroglu von Camlibel,
der Sand rinnt aus den Händen der Zeit,
wenn ich beginne von dir zu erzählen.

Ganz sanft wachsen aus dem Schlaf die Träume
und werden in einem Regenbogen gemalt...
Albträume werden verbannt von den Träumen,
wenn ich beginne von dir zu erzählen.

*Saz bezeichnet eine Gruppe von Langhalslauten, die vom Balkan bis Afghanistan verbreitet sind und unter anderem in der Musik der Türkei, der kurdischen, iranischen, armenischen, aserbaidschanischen und afghanischen Musik gespielt werden.

*Köroğlu, der türkische Volksheld aus dem 16. Jahrhundert, wird oftmals als türkischer Robin Hood bezeichnet. Tatsächlich gibt es historische Überschneidungen. Beide hatten den Anspruch sich gegen die Tyrannei der etablierten politischen Kräfte aufzulehnen. Ein anderes Merkmal war ihre klare Parteinahme für die Armen und Unterdrückten. Doch Köroğlu war literarisch und musikalisch weitaus talentierter als Robin Hood. Köroğlu war ein türkischer Barde und Dichter, der im 16. Jahrhundert seine Stimme gegen die Tyrannei durch den regionalen osmanischen Fürsten „Bolu Bey" erhob. Sein eigentlicher Name war Ruşen Ali. Wie Robin Hood soll er auf seinen Raubzügen das Hab und Gut des Establishments erkämpft und unter den Armen in der türkischen Bevölkerung verteilt haben. Doch anders als Robin Hood zeichnen Köroğlu die Fähigkeit zur Poesie und Lyrik aus. Aus einer Feder stammen eine Reihe von Kurzgedichten und Volkslieder.

ICH DENKE AN DICH

Wenn der Regen die Stirn der Erde küsst,
denke ich an dich alleine für mich.
Wenn die schläfrige Blumen aufwachen,
denke ich an dich getrennt von dir.

Die Jahre sollen ihre Schlingen um mein Leben werfen,
meine Liebste, wer soll davor Angst haben?
Wenn die Ufer die Haare des Rheins waschen,
denke ich an dich getrennt von dir.

Es ist nicht leicht von Sehnsucht zu erzählen,
ich forme Geduld mit meinen Tränen.
Beim Hören unseren Liedes
denke ich an dich getrennt von dir.

Wenn die Sonne einen Schleier auf ihr Gesicht zieht,
lehnt sich die Nacht sehr ruhig an meine Brust,
bei jedem Atemzug, Silbe um Silbe,
denke ich heimlich an dich.

Auch wenn die Zeit in Gefäße Traurigkeit füllt,
auch wenn statt Hoffnung seelischer Schmerz strömt,
auch wenn meine Seele sich von meinem Körper trennt,
werde ich heimlich an dich denken

SCHÖNE ROSE

Als ich dich gesehen habe, dachte ich:
Ich habe vorher nicht gelebt, nicht geatmet,
das Zwitschern der Vögel nicht gehört.
Deine schönen langen Haare
möchte ich spüren,
in deine schönen Augen
möcht' ich stundenlang blicken...
Nur diese Augen, diese Haare,
reichen, um einen Menschen verwirren.
Wenn ich dein Lächeln sehe, denke ich;
nicht eine, nein, hunderte von Sonnen scheinen.
Ich weiß, dass ich dich nicht berühren darf,
Ich weiß, du schöne Rose,
dass ich dich nicht riechen darf.
Ich weiß nur eins,
dass ich deine Schönheit sehen darf.

FÜR MEINE GRÜNÄUGIGE

Lieben und geliebt werden ist wunderbar,
wenn es nicht unglücklich endet.
Alles egal, wenn das Schicksal den Verliebten
nicht sein wahres Gesicht zeigt...

Liebe macht die Menschen glücklich,
bringt keine Sorgen zum Vorschein.
Dich liebe ich, ich liebe dich.
Das muss wirklich das Leben sein!

Die Welt strahlt durch die Liebe,
nicht nur das Schöne, auch das Häßliche!
Nimm mein Herz, nimm, ich gebe es dir,
meine teure, grünäugige Verliebte.

ERİNNERST DU DİCH NOCH?

Erinnerst du dich noch,
wo wir uns einst getroffen haben?
Wo wir zusammen gelacht haben?
Wo wir an schöne, vergangene Tage
gedacht haben?

Wie konnte ich
deine braunen Augen vergessen?
Millionen von Zellen in meinem Körper
sind meine Zeugen...

Nicht nur von der Liebe
haben wir gesprochen.
Über unsere Kinder, unsere Zukunft.

Die Welt ist so schmutzig geworden,
überall Gift, überall Dreck,
du findest nirgendwo
ein sauberes Eck...

Wo werden die Kinder spielen?
Das Grün verschwindet Tag für Tag...

Überall Beton, überall Asphalt,
die Stadt ist so blind und so kalt...

EINSAMKEIT

Immer wenn ich deine Abwesenheit
in meinen Zellen bemerkte
hing meine Einsamkeit in den Wolken...
Von meiner Vergangenheit
kehrte ich in mein Jetzt zurück.
In dem tiefsten Graben begrub ich meine Einsamkeit.
Die Gedanken sind kastriert, die Wörter Klischee,
du schreibst Gedichte, aber wem nutzt es?
Meine Einsamkeit übergab ich den Hurennächten.
Als sie die Seele eines Menschen stahlen
ging ich mit der Wahnvorstellung ins Bett.
Vom Leben bekam ich kein einziges Geschenk...
Damit es niemandem mehr weh tut
unterdrückte ich mit fünf Dimensionen
meine Einsamkeit.

WIEDER UND WIEDER

Wenn ich beginne, ein Gedicht für dich zu schreiben,
mein Stift wird müde, die Seiten bleiben leer.
Wenn die Pforten meines Geistes offen bleiben,
befinde ich mich immer in einem Sorgenmeer...

VERGISS MICH NICHT

Wenn du deinen Kopf auf die Brust der Nacht legst,
vergiss mich nicht, bitte vergiss mich nicht.
Wenn du im seidenen Schlaf Träume webst,
vergiss mich nicht, bitte vergiss mich nicht.

WENN DU EINMAL

Auch all' die Farben der Träume ändern sich,
wenn du einmal die Liebe gekostet hast.
Vergisst du all die Sorgen, vergisst sie wie ich,
wenn du einmal die Liebe gekostet hast.
Du versinkst in deinen Gedanken ständig tiefer,
du verlierst dabei immer den Verstand Tag für Tag.
Dein Herz bleibt immer ein Anstifter,
wenn du einmal die Liebe gekostet hast.
Mal bist du im Himmel, mal auf der Erde,
deine Beschwerde nimmt niemals ein Ende…
Läufst wie blind hinter deiner Begierde,
wenn du einmal die Liebe gekostet hast.

WEISST DU NOCH?

Weißt du noch, meine Grünäugige,
wie wir uns kennengelernt haben?
Kannst du dich noch erinnern?
Ach....
Es war ein Tag. Welcher Tag?
Irgendein Tag...
Nein, nein...
Das war ein ganz besonderer Tag
Montag...
Du standst an einer Bushaltestelle...
Es war kalt und trist...
Ich hatte keinen Schirm, nichts bei mir...
Ich suchte mir eine trockene Ecke.
Aber nichts gab es, um mich vor Regen zu schützen..
Kurz hast du mich angelächelt...
Ich dacht' ‚die Sonne scheint..
Nein, nein...
Auf einmal schienen hunderte von Sonnen,
hunderte von Sonnen schienen auf deinem Gesicht...
So warm warst du mit deinem Lächeln.
Dein Lächeln war so warm.
Mich hast du gewärmt, aber wie?
Ein paar Sekunden wurde ich frei…
Jetzt bin ich dankbar, dass ich an dem Montag
meine Scheu verlor…
Sonst hätte ich keinen Mut gehabt dich anzusprechen...
Mich hast du erobert, meine Grünäugige
meine Schöne...

Ich sucht' Schutz, den du mir gabst.
Du gabst mir nicht nur diesen, sondern auch Wärme,
deinen Duft, gar deine Luft, dein Herz!
An diesem Montag im März,
haben wir zusammen auf den Bus gewartet.

DAS UNENDLICHE WARTEN

Jeden Tag, jede Stunde
Habe ich auf dich gewartet...
Du aber bist nicht gekommen.
Hast du so schnell dein Versprechen vergessen?

Trotzdem habe ich
meine Hoffnung nie aufgegeben.
Ich werde immer noch warten
bis zum jüngsten Tag.

Viele Frühlinge sind vergangen,
viele Winter werden noch vergehen.
Aber...
Ich werde immer noch warten.

LİEBE

Liebe, in Wort...
Ein Wort, das Berge bewegt.
Ein Wort, das Sorgen beseitigt.
Lieben, geliebt werden; das ist wunderbar.

Ich kann mir nicht vorstellen,
dass ein Mensch nicht lieben kann.
Vielleicht seinen Hund,
vielleicht seinen Wagen,
vielleicht einen Menschen.

Aber auf jeden Fall
irgendetwas in diesem All.
Liebe ist grösser als der Hass;
Liebe schadet nicht, nicht das Geringste,
Niemandem der etwas liebt.

-In jeder meiner Zellen teilt sich die Einsamkeit, in Tausenden von Gefäßen, mir bleibt nicht einmal ein gemeinsamer Punkt in meinem Inneren-

TROSTLOSIGKEIT

Wie ein Spuk geht er ins Bett,
schläft vor mir die Einsamkeit.
Den Schlaf teilt er in Tausenden von Stücken,
die Träume bleiben fern durch sie.

Als die Türen der Zeit sich halb öffnen,
als das Heft des Lebens gekritzelt wird,
als die schwangere Zukunft verletzt wird,
bereiten Besorgnisse die Einsamkeit.

Diese Trostlosigkeit, die meinen Geist aufgezäumt hat,
kann die Dummheit der Vernunft nicht beschreiben.
In meinem Inneren wächst, ein gelähmter Aufschrei,
er nimmt und gibt mir die Einsamkeit.

Wenn mein Herz wie ein Vulkan kocht,
wenn der Blitz des Lebens mich trifft,
manchmal wie ein Sturm, manchmal wie Blizzard
pulsiert jede Nacht die Einsamkeit…

ICH BRAUCHE DEINE WÄRME

Ich bin in der Verzweiflung,
schick mir reichlich Hoffnung.
Sieh an, wo ich mich befinde,
ich habe mich immer versteckt.
Wie kann ich dich vergessen,
deinen schneeweißen Körper?
Umarme mich, liebe mich,
ich möchte deine Wärme fühlen.

Manchmal hin, manchmal her,
ich bin geflattert in die Wildnis.
Ist das ein Leben, sag es mir,
seit Jahren habe ich flüchtig existiert.

Es ist schön, sich in dich zu verlieben,
die Geliebte mit den roten Haaren.
Gibt es etwas Atemberaubenderes,
nein, sich in dich zu verlieben ist das Glück!

In mein Herz hast du Anker geworfen,
seitdem kann ich nicht weiter ziehen.
Du hast meinem Leben Farbe gegeben,
es ist schön sich in dich zu verlieben.

Man braucht dich nicht zu beschreiben,
man braucht nicht weitere Wörter,
man braucht nicht mehr zu schreiben,
es ist schön sich in dich zu verlieben.

Meine Liebe ist so rein und kristallklar,
sogar Schnee ist unrein...
Wie ein Fluss, wie ein Meer,
es ist schön sich in dich zu verlieben.

Diese Liebe soll nie aufhören,
ist das für dich nicht auch so?
Klinge ich krumm, klinge ich schief?
Es ist schön sich in dich zu verlieben.

LASST MICH BITTE

Weder möchte ich Wasser, weder ein Laib Brot,
lasst mich bitte in Ruhe mit meiner Liebe.
Auch wenn ich unter Atemnot leide,
lasst mich bitte in Ruhe mit meiner Liebe.

Nach fünfzig Jahren habe ich erst jetzt erfahren,
nun bin ich müde, mit der Last auf meinem Buckel der Zeit.
Es war immer schwierig diese Liebe aufzubewahren,
lasst mich bitte in Ruhe mit meiner Liebe.

Ich bin glücklich, wenn mein Körper deinen Leib küsst,
und wenn meine Fantasien meinen Schlaf versüßt...
Sprecht nicht, redet nicht, sage ich!
Lasst mich bitte in Ruhe mit meiner Liebe.

NACHDEM ICH....

Du wurdest ein Lied auf meinen Lippen,
nachdem ich dich gesehen habe.
Ich fing an umzukippen,
nachdem ich dich gesehen habe.

All die Hoffnungen liefen zu mir,
ich danke von Herzen, ich danke dir.
Jetzt merke ich, dass das Leben fair war
nachdem ich dich gesehen habe.

In mir ist ein riesiges Feuer entbrannt,
seit dem sind meine Nächte verbannt.
Man hat mich irrsinnig genannt,
nachdem ich dich gesehen habe.

Jeden Tag habe ich jetzt diese Freude,
Einsamkeit ist nun eine verfallene Ruine.
Heute bin ich so glücklich wie nie zuvor,
nachdem ich dich gesehen habe.

Nun habe ich meine Wahl getroffen,
der Weg der Liebe ist mir nun offen.
Von deiner Schönheit bin ich erblindet,
nachdem ich dich gesehen habe.

EINE LIEBESGESCHICHTE

Als deine Liebe im Hafen
meines Herzens ankerte,
machte sich die Sonne auf den Weg
zu ihrer Ruhe.
Als sein rotes Gesicht am Horizont verschwand,
die Möwen die Liebe beladen haben,
flogen sie über meinen Kopf zusammen.

Wo soll ich anfangen zu erzählen,
die Tage, die ich
auf dem Schatten der Fledermaus gelassen habe?
Wieso kann ich von meinem Gedächtnis nicht löschen,
ein Jahrhundert ohne dich, vergangene Zeiten?

Jedes Mal habe ich mich in meiner Seele verloren
als ich dachte, ich habe mich vom Netz
der Sehnsucht befreit.
Als meine Vernunft aus dem Fleisch
meines Körpers auswanderte
in der Stätte des Wahnsinns
blieb ich ständig allein...

Als sich bei Tag an einem abgelegenem Ort
der Kummer und das Leid liebten,
verpflanzte sich die Trostlosigkeit
in die Gebärmutter meiner Nächte.
Und die Tage vergehen,
hinterlassen eine Spur mit Schmerzen.
Nachdem die Einsamkeit
meine Seele kaltblütig kastriert hat.

WOFÜR?

Sag mir bitte nicht
„du sollst mir von der Liebe nichts erzählen"
Wofür ist ein Herz ohne Zuneigung?
Erst sollte man die Flachheit der Vernunft aufzäumen
bevor man über Hingabe spricht...
Nur die Leidenschaft löscht das Feuer des Hasses
und die Stunden der Zeit werden immer sanfter,
das Universum dreht sich nur wegen der Liebe.
Der jenige, der nicht die Liebe gekostet hat,
versteht nicht den Sinn des Lebens.
Versteht nicht den Pulsschlag der Liebe
an einem Regenbogen, wenn er kein Herz besitzt.
Gibt es einen leichteren Stein als ein Traum?
Gibt es Tränen in den Augen der Sonne?
Gibt es einen Körper ohne den Kopf?
Ein Herz ist überflüssig ohne die Liebe.

-das Leben war immer ein Hammer, und ich war ein Nagel,
mit der Zeit war ich im Wettkampf mit einem Kreuz auf dem
Rücken-

ZUM GRÜBCHEN DER LIEBE

Ich war ein Blinder, die Dunkelheit über mich strömend
nachdem ich dich gesehen hatte, erfuhr ich dies.
Seit dem ich dich kennenlernte,
änderte sich der Sinn meines Lebens.
Deine blonden Haare sind die Tüllgardinen der Zeit
deine grünen Augen sind die Farbe des Waldes.
Deine Wörter geben meiner Seele Leben
und tönen hinter der Zukunft...

Ich wusste, dass ich brennen würde, wie ein Feuer
als du hinter dem Horizont meiner Fantasie erschienst.
Dich zu lieben ist schmerzhafter als Feuer in der Hand zu halten,
es ist schwieriger den Körper zu lieben, der nach Rosen duftet.
Die Entfernung zu dir ist weiter als ein schwarzes Loch,
nicht nur drei, sondern alle elf Dimensionen sind stumm und
taub...

Als ich Tribut zahlte an die Einsamkeit,
fiel auf meinen Kopf der Himmel.
Es ist schwer alles zu erzählen
sogar in der Gebärmutter Düsseldorfs.

DICH VERGESSE ICH NIE

Nicht ein Jahr, nicht zehn,
und auch wenn hundert Jahre vergehen,
wenn jeder mich als ein Opfer wählt,
wenn die Zeit die Stunden sichelt,
wie kann ich dich vergessen, dich vergesse ich nie.

Dein Lächeln und deine sanfte Stimme,
du warst Regen im Frühling und im Winter Schnee.
Überall warst du, manchmal ein Freund, eine Geliebte, ein Kumpel,
wie kann ich dich vergessen, dich vergesse ich nie.

Deine warmen Gespräche und deinen Kuss,
ich dachte nur an dich, als die Tage vergingen.
Meine Geschichte wurde in der Zukunft Gefangener.
Nur dich lese ich, dich schreibe ich, dich höre ich,
wie kann ich dich vergessen, dich vergesse ich nie.

Deine Liebe hat mich so durcheinander gebracht,
dass ich meine Richtung verloren habe.
Wie kann ich dich vergessen, dich vergesse ich nie.
Mein Herz ist durch dich übermütig wie der Rhein.

KOMM ENDLICH

Immer warte ich, dass du kommst,
komm bitte, bevor ich meine Hoffnung verliere.
Jede Minute beobachte ich deinen Weg
komm bitte, bevor ich meine Hoffnung verliere.

Als ich auf den Mond deinen Namen schrieb,
hörte ich den Jammer der Sterne.
Du, der Besitzer meines Herzens,
komm bitte, bevor ich meine Hoffnung verliere.

Reicht es nicht, dass du mich endlich mir überlässt?
Überall bilde ich mir dich ein...
Bei einer Dämmerung, bei einem Abend
komm bitte, bevor ich meine Hoffnung verliere.

JEDER SOLL MICH HÖREN

Die ganze Menschheit soll mich hören,
ich habe mich in eine Schönheit verliebt.
Wer kann diese Liebe zerstören?
Ich habe mich in eine Schönheit verliebt.

Lass mich deine Haarspange werden,
lass mich bitte dein Wasser sein.
Auch wenn ich mich in dir verliere
ich habe mich in deine Schönheit verliebt.

All die Jahre vergingen bedeutungslos,
all die Schönheiten sind wirkungslos.
Die Zeit zeigte Spuren, erbarmungslos
ich habe mich in eine Schönheit verliebt...

NACH DIR

Beim Sturm eines unruhigen Ozeans
bin ich verloren nachdem du gegangen bist.
Bei der Vernunft, deren Schatten im Wind flattern,
bin ich verloren, nachdem du gegangen bist.

Manchmal frierst du hier, manchmal brennst du,
der Schoß der Sehnsucht ist wie eine Hölle.
Jede Nacht tausende Albträume, die nie enden,
ich bin verloren, nachdem du gegangen bist.

Ich habe mich, der sich von mir entfernen wollte,
ich habe mich, der am Ufer des Rheins wuchs,
ich habe mich, der in Düsseldorf verloren ging,
in jeder Gasse suchte ich, nachdem du gegangen bist...

Die Stunden sind durcheinander, die Zeit ist unharmonisch,
in meinem Inneren verging nicht ein Tag ohne Krieg.
Ich überzog ein farbloses Betttuch auf meiner Seele,
nachdem du gegangen bist...

Auch wenn ich nur für dich Gedichte schreibe,
alle Fragen befruchten nicht das „Warum".
Die Seele der Abwesenheit, die dich erinnert,
vernichtet habe ich sie, nachdem du gegangen bist...

-das Leben ist ein Buch, dessen Buchhülle nicht geöffnet ist...
Bei jeder Seite, die du umblätterst, triffst du auf eine
andere Geschichte-

AN DEM HUF DES WINDES

Wenn die Lippen der Zeit dich küssen, die Krankheit tragen,
steckt sie dich an mit Lepra infiziertem Kummer und Leid.
Wenn die Minuten anfangen zu kochen und wenn die Stunden
aufschäumen, die Augen des Tageslichts werden zugedeckt
mit dem Abendrot.

Das Leben, das an dem Huf des Windes genagelt ist,
hört dich niemals, auch wenn du hinterher schreist...
Nicht du, sogar dein Schatten wird keine Kraft mehr haben,
deshalb gib dir keine Mühe in fruchtlosen Tagen...

Die Blätter meiner Vernunft perlen Stück für Stück ab,
wenn eine brennende Sehnsucht mein Herz kochen lässt.
Wenn ich aus meinen Augen heraustrete und mich anschaue
werden sprossende Hoffnungen aus den Wurzeln aufgerissen.

Fällst du einmal in die messerscharfen Gedanken hinein,
dann werden deine Träume wie ein ausgetrockneter See liegen.
Nicht mal ein Tropfen Wasser wird auf die Erde deines Schicksals
fallen, alle deine Fantasien werden in eine Wüste gekippt..

-Alles besteht aus Gegensätzen, sowohl lebendiges als
auch lebloses,
trotzdem findet das Leben einen Weg, entgegen dem
ganzen Leidens-

-Das ist die Liebe, auf ewig und bunt wie der Regenbogen-

DIE LAST DER LIEBE

Es ist schwer diese Liebe zu tragen,
die mit hellen Grübchen und dunklen Muttermalen bedeckt ist..
Es ist schwer diese Liebe zu tragen,
die wie der Mond lächelt, die wie die Sonne leuchtet.

Wenn du den Himmel sogar windelst,
wenn du die Erde durchsiebst,
wenn du tausende von Bücher auswendig lernst,
es ist schwer diese Liebe zu tragen,

Sie ist tausendmal kleiner als ein Punkt,
sie ist nicht mal zu beschreiben.
Sie ist größer als das Universum,
deshalb ist es nicht leicht, diese Liebe zu tragen.

Diese Bullenhitze zündet dich wieder und wieder an
all deine Frühlinge werden nur Winter.
Auf den Flügen des Windes
ist es schwer diese Liebe zu tragen..

Das Leben ist manchmal nur eine weiße Hoffnung,
manchmal ist es ein Sarg mit Totenklage.
Wenn du all die Dimensionen durchreist,
wirst du diese Liebe nicht tragen können.

DU BIST MEIN GEDICHT, DAS NIE ENDET

Wie die Waisen wären meine Lippen,
wenn sie nicht wüssten, dass du mein Gedicht bist...
Sogar die Zeit friert, fließt nicht mehr,
weil du mein Gedicht bist, das nie endet.

Ich habe mein Herz gereinigt und dir gegeben,
meine Verse sollen sich an deiner Taille halten,
die Silben sollen deine Haare aufstecken,
weil du mein Gedicht bist, das nie endet.

Die Wörter kreisen nur für dich,
die Wörter streuen Grübchen auf deinem Wege,
die Wörter begeistern sich einzelnd,
weil du mein Gedicht bist, das nie endet.

Wenn ich von einer Hoffnung in die andere fließe,
und die Sehnsucht mit unserem Zusammenkommen vernichte,
dann weiß ich, du bist mein Gedicht, das nie endet...

BANA TÜRKÇE BİR SEVGİ VER*

Wie die Wörter von *Yunus Emre,
gib mir Liebe in meiner Muttersprache.
Sie soll rein sein, wie das Wasser und ohne Skepsis,
gib mir Liebe in meiner Muttersprache.

Sammle bitte Wörter überreichlich,
die ich in meiner Sprache lesen kann.
Gesucht habe ich an jeder Ecke,
gib mir Liebe in meiner Muttersprache...

Sowohl harmlos, als auch rein,
sowohl kristallklar als auch transparent,
entfernt von der Kümmernis und der Sorge,
gib mir Liebe in meiner Muttersprache...

Bei einer Dämmerung soll sie wehen,
eine Trennung soll sie schneiden,
sie soll sich an mein Herz anpassen,
gib mir Liebe in meiner Muttersprache...

Türkisch für „Gib mir Liebe in meiner Muttersprache"
Yunus Emre: Yunus Emre († um 1321) war ein türkischer Dichter und Mystiker, der im 13. Jahrhundert in der Türkei lebte. Er gilt als einer der ersten mystischen Volksdichter in der türkischen Tradition. Wegen seiner Arbeiten und seiner asketischen Lebensweise ist er in der Türkei ein anerkannter Dichter.

UNERMÜDLICH

Die Liebe, die ich in meinem Herzen komponiere,
werde ich nie satthaben, auch wenn ich ständig schreibe.
Ich gebe nicht auf, um dich zu finden,
auch wenn ich durch Irrgärten schreite.

Überall auf der Welt ist sie gleich, die Sprache der Liebe,
wenn zwei sich lieben, wissen sie es genau...
Wenn ich auf der Leinwand meiner Seele dein Bild male,
werde ich niemals aufhören Kunst zu schaffen...

Erwarte nichts vom vergangenen Gestern,
die Nächte haben Angst, wenn die Sonne aufgeht.
Das Leben, das tausende Probleme besitzt,
kläre ich immer auf, ohne es satt zu haben.

AM UFER

Wenn ich ein trauriges Lied sing'
An dem Ufer vom Vater Rhein.
Wenn ich meine Tränen bezwing',
ja, bewegt sich sogar ein Stein.

Die Tage fälschen die Schatten,
die Nächte knoten jeden Traum.
Ich vermiss' die alten Tage,
Früher erlebt haben wir kaum.

DAS LIED DER WIMPERN

Sobald die Trauer, von der Nacht geweckt,
die Straßen durchquert, fangen die Wimpern an,
die Tränen zu kämmen.
Wenn die Türen der Augen verschlossen sind,
machen sich die Wimpern auf den Weg
den Schlüssel zu suchen..

Während der Gebetsruf
das gefrorene Himmelsgewölbe anwärmt,
verabschieden sich die Wimpern
jeden Morgen von den Augen.
Wahrlich versteht nicht jeder
den Schmerz ihrer Trennung.

Wenn die Augen ihre Lippen verschließen,
werfen sie einen Schatten auf meine Seele…
Wenn sie sich fest umarmen und schließen,
gibt es keinen freien Weg für das Gesindel.

KANNST DU DICH ERINNERN?

Als die Nacht mit einem schwarzen Schleier kam,
hat der Mond ein Küsschen gegeben, kannst du dich erinnern?
Als die Silben von der Wiege der Inspration aufstanden,
rollten die Buchstaben auf, kannst du dich erinnern?

Die abgestandenen Wörter habe ich längst vergessen,
es gibt kein Komma, es gibt keinen Punkt von dir.
Als unsere Liebe durch die seelenlose Villa zu uns kam,
hast du dich so gefreut, erinnerst du dich?

An wievielen Dämmerungen haben wir Tribut gezahlt,
bevor wir zum Tageslicht „merhaba"* sagten.
Als wir zusammen die Hoffnung durchbrachten,
blieb die Zeit stehen, erinnerst du dich?

*merhaba: hallo, guten Tag

WILLKOMMEN

Du kamst,
als die Schwalben an einem September Tage wegflogen.
Du kamst,
als die Zeit durch ihr Sieb meine Zukunft goss.
Wer ist hinter dem Leben, wer ist vor ihm,
was ist sein Ziel, was ist seine Richtung?
Als das Leben mich in den Fluss der Sorgen warf,
bist du gekommen...

Die Farben der Träume wurden immer
von den Albträumen genommen,
deshalb sind meine Gefühle blass.
Als meine Gedanken von meiner Vernunft
verbannt wurden bist du gekommen.
Du bist gekommen...

Willkommen!

SEHNSUCHT NACH DIR

Bevor die Lippen auf deiner Wange das Grübchen berühren,
dreht sich der Regenbogen farbig um dich herum.
Bevor sie sich vor dir beugen und dich begrüßen,
stehen die Wolken abermals mit der Liebe beschrieben.

An deinem Schatten wird das Gesicht der Sonne pitschnass,
auf dem Schoss der Nacht wird die Sonne ruhig und vernünftig.
Jedes Mal, wenn sie dich sieht, wird ihr Gesicht beschlagen,
deshalb überlegt sie tausend Mal, ob sie aufgeht..

Von deinen Augen habe ich einen Weg in deine Seele geöffnet,
Düfte von Flieder habe ich in deinem Geist verteilt.
Vor abgestumpften Leidenschaften habe ich mich in deiner
Brust versteckt,
bevor ich meinen feigen Verstand verjagt habe…

Es kommt ein Tag, an dem du dich verlieben kannst,
deshalb soll man Geduld sammeln.
Ich habe mein Herz gewaschen und auf dem Wind aufgehängt,
bevor deine Sehnsucht mich ertränken konnte.

Die Gedanken sind lahm, die Phantasien sind leblos,
eine Liebe verschwindet, ohne davon etwas zu erfahren.
Nun habe ich verstanden, dass diese Liebe einzigartig ist,
bevor ich begann unfruchtbare Wörter zu säen…

DIR ZULIEBE

An einer Ecke mit großer Geduld
warte ich auf dich dir zuliebe..
Zu jedem Tagesanbruch kreiere ich ein Dessin
das nur aus Liebe besteht.

Weine bitte nicht, wenn du an mich denkst,
du sollst immer lachen gegen den Willen des Lebens.
Meine nackten Tage wälze ich
auf den Flügen der Träume, nur dir zuliebe..
Wie soll ich noch erklären,
dass du so wertvoll und einzigartig bist?

Der Mond sogar macht dir Platz.
Den Schweißtropfen der Nacht,
der auf dein Grübchen tropfte,
bewahre ich auf, nur dir zuliebe...

Wenn ich an dich denke im Schoße der Nacht,
ist es die Leere der Zeit, die ich sehe.
Wenn ich die Flügelschläge der Silben höre,
ist mein Herz wie ein Knoten in den Versen.

Bei dem Atemzug des Windes
habe ich immer deinen Duft gesucht.
Vielleicht haben seine Lippen dein Antlitz berührt,
der Klang deiner Sehnsucht,
welche das meinen Schatten befeuchtete...

Die Äste meiner Vernunft unterteilen sich in tausend Bäume
Wer an die Wörter der Liebe glaubt, findet den richtigen Weg
Ist das nicht so seit tausenden von Jahren?
Immer wenn ich in die Augen der Hoffnung blicke,
werde ich in der Gebärmutter der Zukunft neu geboren.

*-Fließend in ewiger Neue,
zieht die Zeit Liebe ohne Reue-*

NACH VIELEN JAHREN

Die, aus der Hand der Zeit gerissene Frau,
du warst es, nach vielen Jahren, auf die ich wartete.
Die, die sich von der Stadt der Trauer verabschiedet hatte,
du warst es, nach vielen Jahren, auf die ich wartete.

Ich lief hinter dem berauschten Leben her,
bevor ich wie Yunus Emre im Feuer der Liebe brannte.
Im Wirrwarr des Auslands, durcheinander wie der gordische Knoten,
warst du es, nach vielen Jahren, auf die ich wartete.

Während einer Reise durch die Straßen meiner Seele
sah ich faserig Trauer an meinen Schläfen..
In den Träumen meiner benommenen Dämmerungen
warst du es, nach vielen Jahren, auf die ich wartete.

Geduld habe ich gestrickt, Masche für Masche
der Kummer war mein Bruder, Sorgen meine Schwester.
Nach fünfzig Jahren verstand ich endlich,
du warst es, nach vielen Jahren, auf die ich wartete.

Die Gedichte sollen der Boden sein, die du betrittst.
Dein Herz soll zuversichtlich sein.
Ich gelobe auf mein Herz,
du warst es, nach vielen Jahren, auf die ich wartete.

„Es ist nicht einfach eine Kerze zu sein...
Man muss erst einmal brennen, um Licht abgeben zu können."

Mevlana
(1207- 1273) ein türkischer Mystiker, Gelehrter und Dichter

WÄHREND DIE STADT SCHLIEF

Wie kann ich es vergessen, sag, wie kann ich?
Ich habe von dir geschwärmt in jener Nacht.
Zusammen haben wir Hoffnung gespürt,
du hast mich so glücklich gemacht...

Anstatt die Sternschnuppen zu zählen,
wären wir lieber beide Sterne im Himmel?
Der Mond war unser Schlitten,
was für eine Nacht, diese jene Nacht...

In unseren Händen haben wir die Zeit gehalten,
in einen stummen Brunnen floss ihr Sand.
Von einer Dimension zur nächsten
haben wir die Zeit verkauft, erinnerst du dich?

Du sagtest, es sei spät, ich sagte, es sei früh,
während wir zusammen diese Liebe lebten.
Während die Stadt tief im Schlaf war,
habe ich an jedem Fleck deinen Körper geküsst...

Gib dich zufrieden, Vater Rhein,
Denk nicht an schlechte Lieder.
Heinrich Heine

VATER RHEIN

Ich weiß du hast Zeit, mir zuzuhören.
Mit einer großen Tasche voller Tränen
bin ich gekommen, um zu klagen.

Hat man dich umsonst Vater Rhein genannt?
An deiner Güte hat man dich immer erkannt...
Wieder bin ich in deiner Nähe..
Alle Bemühungen verliefen im Sand.
Heute schreibe ich dir diesen Brief.
Ich weiß nicht, wie viele Jahrhunderte
du schon deine Vaterschaft zeigst.
Verteilst deine Güte und ziehst dahin.
Oh du Vater Rhein...

Auch wenn ich von Herzen schreien möchte,
hört mich weder *Aras noch der *Kizilirmak.
Während ich mich an dein Ufer setze,
streichst du über meine Haare.
Doch deine Wellen ziehen auch dahin,
wenn ich meinen Kummer ausschütte.

Mit deinen sanften Blicken schickst du meine Sorgen fort,
ich habe mein Schicksal in deine Wärme gelegt.
Bis jetzt habe ich keine Geheimnisse vor dir verschwiegen,
auch du hast mich nie verlassen..

Mit meiner Vernunft in meinen Händen
spaziere ich traurig umher.
Meine in Stücke zerlegten Teile sollst du sammeln.
Und mit deinen Wellen sollest du meine Ängste reinigen.
Und sie sollen alle am Horizont vergehen..
Du bist der Einzige, der mich versteht,
du bist der einzige Vertraute.

Bei Problemen kann ich mich an dich wenden, oh Vater!
Durch eine Säge wird jede Nacht
meine Träume zunichte gemacht!
All meine schönsten Gefühle warten vor einem Galgen.
An den Händen des Lebens haben
selbst meine Schatten keine Chance.
Im Leben habe ich jegliche Ruh' verloren,
weil ich im Leben nur Schlechtes durchlebte.

Immer wenn die Lippen der Zeit die Stunden saugen,
beginnen die Äste meiner Seele zu verwelken.
Nur Leid, nur Bedenken vor meinen Augen,
duften nicht wie vorher die Nelken,
was soll ich jetzt machen, Vater Rhein?

Wird mein Schicksal immer so sein?
Du hast mir die ganze Zeit zugehört,
in vielfacher Einsamkeit sahst du mich.
Ich hoffe du verstehst, Vater Rhein.

*Aras: Ein Fluss in Ostanatolien
*Kizilirmak: Der 1355 km lange Kızılırmak ist der längste
ausschließlich durch die Türkei fließende Strom.

UNREIFE GEDANKEN

Wenn die Nächte ununterbrochen über mir lasten,
werde ich unterdrückt, kann meinen Kopf nicht heben.
Vor meinen Wünschen, die an einem Seil hängen,
mein hartes Herz klopft.

Wenn die Nächte mit Einsamkeit über dir lasten,
fühlst du dich wie eine Insel ohne Küste.
Du kannst die Schlinge der Sehnsucht nicht losbinden,
gegen Morgen wird sie enger und enger.

Wenn sich der Schleier der Dunkelheit legt,
denkst du wieder an die vergangenen Stunden,
während der Rhein seine Haare am Ufer wäscht,
setzt sich Düsseldorf müde an die Küste des Abends.

Als die Verlassenheit oft über dich kam,
trat der Wahnsinn durch deine Vernunft,
und die Pergola des Lebens schloss sich über dir,
dich vollkommen verlierend…

Als der Kosmos sich amüsierte,
zerflossen von deiner Handfläche deine Hände.
Gegen die Schreie der Zeit brüllen
meine Hoffnungen der stummen Zukunft.

DER ERSTE BUS

Es ist 2 Uhr nachts.
Der Wecker klingelt; aufstehen!
Die Arbeit ruft!
Schnell rasieren und duschen.
Es ist noch dunkel,
es schlafen noch die Menschen.
Nur du bist auf den Füßen.
Gleich bist du im Betriebshof.

Ein Tasse Kaffee;
damit du wach bleibst.
Es ist 3:15.

Der erste Bus muss raus.
Die ersten Fahrgäste
warten auf mich ungeduldig.
Jetzt fängt der Tag an, wie bei Katz und Maus!

ES IST DIE ZEIT…

Seit vielen Tagen biegt mein Stift seinen Hals,
die Zeit, ein neues Gedicht zu beginnen.
In meinem Herzen wirbelt die ganze Welt,
die Zeit, ein neues Gedicht zu beginnen.

Ganz ruhig in das Licht der Sonne zu gehen,
Verse soll man schreiben, mit Liebe weben.
In dem man im Herzen Wort für Wort pulsiert,
die Zeit, ein neues Gedicht zu beginnen.

Überall wo sich die Menschen befinden
gibt es Heilmittel für all' Schwierigkeiten.
An dem frühen Morgen, am späten Abend,
die Zeit, ein neues Gedicht zu beginnen.

Mauern des Hasses erklimmt man mit Liebe.
Gibt es denn einen Menschen ohne Fehler?
Wie die Alpen so ruhig und wie der Rhein still,
die Zeit, ein neues Gedicht zu beginnen.

Die Lippen der Liebe kannst du nicht schliessen,
man kann gar niemanden gewinnen mit Hass.
Man soll die tapferen Herzen begrüßen,
die Zeit, ein neues Gedicht zu beginnen.

Das Wasser soll schwitzen in vielen Perlen,
die Wurzel der frechen Wörter wegreißen,
unehrliche Stunden unbeugsam niederkniend,
die Zeit, ein neues Gedicht zu beginnen.

WAS İST DAS?

Ist das Schicksal? Ist das Zufall?
Dass wir zusammen sind?

Du, meine Süße, manchmal bist du
wie ein kleines Kind...

So natürlich,
sympathisch und zierlich.
Voller Elan und Lebensfreude.

Meine Schöne;
wenn du lachst, lachst du von Herzen,
befreist du mich von allen Schmerzen.

DIE JAHRE VERGEHEN

Die Jahre vergehen,
ich werde immer älter.
Mich stört es nicht alt zu werden.
Wie wir alle geboren sind,
werden wir auch eines Tages sterben.

Mich stört es, dass ich der Menschheit
nicht nützlich sein konnte.

Gelebt, nur um zu leben...

DIE ZEIT

Was ist die Zeit?
Ist sie wie Wasser, das nur endlos fließt?
Oder wie Wind?
Wenn man aber Einstein liest,
dann kann man sich hin-und her bewegen...
Wenn ich die Möglichkeit hätte,
die Zeit zurück zu drehen,
dann wäre ich in meine Kindheit zurückgekehrt.
Ich wäre ein Kind,
ein Kind ohne Sorgen
wach werdend nur mit Freude.
Jeden Morgen, jeden Tag spielen,
zuhause und draußen...
Du kannst nicht in die Vergangenheit zurück, leider.
Das ist nur im Film möglich,
was wir im Moment leben,
ist maßgeblich und wirklich...

UNVOLLENDET

Ich dachte heute, ich dachte morgen,
das Gedicht wurde immer noch nicht vollendet.
Ständig lebe ich mit diesen Sorgen,
das Gedicht wurde immer noch nicht vollendet.

Es hat keinen Sinn, es hat kein Motiv,
die Gedanken fließen ins unendliche Tief...
So fühle ich mich, so denke ich wirklich
das Gedicht wurde immer noch nicht vollendet.

Ich habe keine passenden Wörter mehr,
wie gerne hätte ich es versucht, so sehr.
Vor jedem Ende beginnt wieder die Rückkehr,
das Gedicht wurde immer noch nicht vollendet.

Ein Fass wird nie voll mit einem großen Loch,
ich habe es versucht, versuche es auch noch..
Die Gedanken standen unter einem Joch,
das Gedicht wurde immer noch nicht vollendet...

NACH DEM TAGE

Als die Tage mit Fröhlichkeit vergingen,
sank die Traurigkeit in mir heute Abend ein.
Als die Lichter hinter dem Horizont niedergingen,
empfand ich die Traurigkeit heute Abend.

Die Erinnerungen lebten vor meinen Augen auf,
einen Moment wurde die Zeit daran angekettet.
Schon wieder erlebte ich den gleichen Verlauf,
Traurigkeit spürte ich heute Abend.

Viele Tropfen fielen aus meinem Herzen,
wie lange trägt man solche Schmerzen?
Ich schmolz wieder wie einsame Kerzen,
Traurigkeit empfand ich heute Abend.

WARUM BIST DU SO TRAURIG VATER RHEIN?

Bist du so leidvoll, dass du in deinem hochmütigen Kopf
von Ufer zu Ufer schlägst, du Vater Rhein?
Warum vergisst du nur die, die dich lieben,
fließt du so traurig und still, Tag aus Tag ein...

Du fließt, in dem du dich aus dem Horizont heraus trennst,
du fließt als ob du vor den Möwen wegrennst ...
Du fließt, mit den Tränen, weil man dich einen Waisen nennt,
hast du deine Liebste verloren Vater Rhein?

Du hast all den Menschen die Hoffnung zerstreut,
du hast mit Güte ganze Länder betreut,
Hunderte von Jahren haben sich gefreut,
weil du immer gegeben hast Vater Rhein...

DIESE STADT

Mit Tausenden von Sorgen auf ihrem Rücken
lief diese Stadt in den Schoß der Nacht.
Manchmal mit und manchmal ohne Krücken,
lief diese Stadt in den Schoß der Nacht...

Ständig sah sie die Oberflächlichkeit der Menschen...
Sah, wie sie sich jeden Tag gegenseitig schwächen...
Nachdem sie eine Weile am Rande gewartet,
lief diese Stadt in den Schoß der Nacht..

Traurig sah sie, dass viele Träume nichts taugen,
als die Stadt ein paar Handvoll Herzen gesammelt hatte.
Jeder versuchte des Anderen Seele zu saugen.
diese Stadt lief in den Schoß der Nacht...

BUNTE SEITEN DES LEBENS

Deine Abwesenheit ist eine Lücke wie die Tiefe eines Ozeans,
jetzt habe ich verstanden bei einer bohrenden Sehnsucht.
Die Betrunkenheit des Heimwehs in diesem fremden Land
lässt kein Gleichgewicht in der Vernunft der Menschen.

An manchen Tagen lehnte ich mich an die Schulter des Vater Rheins,
als die *Kizilirmak und *Sakarya aus der Ferne mir winkten.
Er fragte mich, "Hast du hier keinen Freund außer mir?
hast du keinen, der dich vor jeglicher Gefahr rettet?"

Als ich die Straßen abschritt, die wie hornige Fersen sind,
erinnerte ich mich an meine Vergangenheit, die ihr Gesicht verlor.
Eine stumme Erinnerung trug ich in meiner Psyche,
als ich auf mir die trockenen Jahre in Tropfen spürte.

Manchmal trug ich die Abgründe auf meinem Schoß,
als ich den Hauch des Wahnsinns auf meinem Nacken spürte.
Manchmal hörte ich neben mir den Schall wieder im Schoß
des Paradieses, hauchdünn von der Hölle entfernt.

Als mich Becher um Becher die Einsamkeit übergoss,
   im Schoß der Gebete suchte ich einen Unterschlupf.
Als die Nähte meines Verstandes sich jeden Abend lösten,
   sah ich die tiefe Spur der Narben auf dem Nacken der Geduld…

Als die Falken das Hochgebirge umfliegen versuchten
trug ich auf meinen Schultern nur die Tiefen.
Während die welligen Unebenheiten des Lebens zunahmen,
erkannte ich nicht mehr die Farben meiner Träume...

Hin und her fallend, wie ein Pfeil ohne Ziel,
solche Besatzungen wie ich in dem Schiff namens Schicksal.
Nach vierzig Frühlingen diese bunte Seiten,
nach jedem Blatt mehren sie sich jedes Mal...

Meine Handflächen rutschten ständig aus meinen Händen,
obwohl ich die Flügel der Liebe festhalten wollte.
Bevor ich ein Zelt auf dem Regenbogen aufschlagen konnte,
hat man auf meinen Kopf mit Beharrlichkeit die Finsternis geschüttet.

Im Ausland gibt es kein Mittel gegen das Leiden,
wenn du in bodenloser Einsamkeit versunken bist.
Das Wiedersehen wird von den Schatten der Fledermäuse gewebt,
so dass du kein Licht sehen kannst.

Niemals sage ich zum Leben, "du hast mich besiegt!"
Auch wenn mein Sarg vor meinen Augen vorbereitet wird.
Auch wenn das Universum zertrümmert wird,
verliere ich nie die Hoffnung,
nicht bevor mein Atem versiegelt ist!

*Kızılırmak und Sakarya= Flüsse in der Türkei..

MUTTERTAG?

Es gibt doch nicht nur einen Tag zum feiern,
für mich ist jeder Tag ein Muttertag.
Ist es falsch die Wahrheit zu entschleiern?
Für mich ist jeder Tag ein Muttertag.

Jeder muss das zwar selber wissen..
Das schreibe ich alles mit reinem Gewissen.
Wie kann man diesen Tag überhaupt messen?
Für mich ist jeder Tag ein Muttertag.

Die Herzen ohne Liebe sind wirklich armselig,
jene Mutterliebe ist zärtlich und kuschelig...
Nur ein einziger Tag ist absurd und stachelig,
für mich ist jeder Tag ein Muttertag.

DAS WAHRE ZIEL

Jeden Tag geht die Sonne auf,
jeden Tag wird Hoffnung geboren.
Manchmal hinunter, manchmal bergauf,
auch wenn die Stunden schmoren.

Genießen sollte man das Leben
trotz Elend und Leiden...
Man darf niemals aufgeben
sich vor dem Sturz zu schützen.

 Jeder wird irgendwann sterben,
sei es heute, sei es morgen.
Man soll nur nach Menschlichkeit streben,
und bis zum Ende dafür sorgen...

MEIN LEHRER

Du hast mir das Alphabet beigebracht,
jedes Wort und jede Silbe,
hast du mir gezeigt,
du hast die Nacht zum Tag gemacht.
Du, mein Lehrer,
dessen Hände, tausendmal geküsst werden sollen..

Wie kann ich mich erkenntlich dankbar erweisen?
Du warst mir von jedem nah.
Ich denke nicht, dass ich dich vergessen habe...
Du, mein Lehrer,
dessen Hände, tausendmal geküsst werden sollen.

Bei dir gab es keinen Hass,
du warst wie der Regen auf die Saat.
Du hast meinen geistigen Horizont erweitert.
Du, mein Lehrer,
dessen Hände, tausendmal geküsst werden sollen..

Du hast uns die Vaterlandsliebe gegeben,
du sagtest uns immer „wir sollten lieben"
Du sagtest uns immer, ja, immer,
„wir sollen uns für die Schönheiten im Leben anstrengen"
Du, mein Lehrer
dessen Hände, tausendmal geküsst werden sollen..

WIE EIN BLATT

Wie ein Blatt auf die Erde fällt,
falle ich von meinen Ästen herunter.
Die Sehnsucht ist wie ein ausgetrockneter Brunnen,
deshalb friere ich in einer taubstummen Finsternis.

Im Mutterleib der Zukunft werden
die Träume nicht befruchtet.
Im Gesicht der Gegenwart
gefrieren all die Gelächter.

Obwohl auf dem Buckel
alle Rückreisen eine Last sind,
trage ich die Hoffnung unerbittlich…
Wenn das Augenlicht meiner Seele
von Fremden beraubt wird,
wer kann mich außer mir hören und sehen?

Auch wenn vor dem Wiedersehen eine Wand steht aus
Stahl, versuche ich weiter, diese einzureißen.

WEGE...

Es gibt Wege, die aus dem Herzen die Abscheu auflöst.
Es gibt Wege, die die Liebe zyklisch ausschüttet.

Es gibt Wege, die wellig Helligkeit verstreut.
Es gibt Wege, die Tausende von Schlössen ohne
Schlüssel öffnen.

Es gibt Wege, die mit vollen Taschen Grüßen
an den Freund bringen.
Es gibt Wege, die weder an Macht noch an einer
Position Interesse zeigen.

Es gibt Wege, die im Mutterleib die Tage absaugen.
Es gibt Wege, die sattelt man in die Zukunft.

Es gibt Wege, schwerer als blauer Dunst.
Es gibt Wege, sehr taub die Stille herausfordernd.

Es gibt Wege, verlorene Vernunft hinter sich sammelnd.
Es gibt Wege, im Durcheinander der Zeit zittern.

Es gibt Wege, wie Geschmack des Zuckers oder des Teers.
Es gibt Wege, am Flügel der Morgendämmerung
das Wiedersehen tragend.

Es gibt Wege, von einer Hoffnung zur anderen Hoffnung fließend.
Es gibt Wege, auf ihrem Schoß die Sehnsucht abfackelnd.

VOR MIR

Auf dem Gipfel meines Herzens
bevor ich mich erkannt', erkannt' ich dich.
Auf dem geknickten Zweig der Vernunft,
bevor ich mich erkannt', erkannt' ich dich.
Das soll wirklich nur das Ziel sein,
Tag ein, Tag aus, Tag aus, Tag ein.

Bei den Wolken die sehr müde sind,
bei den Dimensionen des Kosmos,
bei den Hoffnungen die aufgehen,
bevor ich mich erkannt', erkannt' ich dich.
Wenn der Mensch seinen Geist öffnet,
wird er die Bedeutung einvernehmen.
In den Augen einer unglücklichen Waise,
in den traurigen Wörtern einer Armen,
in der glimmernden Asche der Zeit,
bevor ich mich erkannt', erkannt' ich dich.

Wenn du lebst Zeile für Zeile,
durstet der Mensch nach der Liebe.

Warum ist der Mensch so eigensinnig?
Er ist nur ein Schatten im Universum.
Bei jeder Wissenschaft, bei jeder Kunst
bevor ich mich erkannt', erkannt' ich dich.

Manchmal frisch, manchmal alt,
das Leben vergeht ohne Halt.

Bei dem Schwarzen, bei dem Weißen,
bei der großzügigen Mutter Erde,
bei jedem Blatt, das vom Baum fällt,
bevor ich mich erkannt', erkannt' ich dich.
Sehr spät habe ich die Realität erkannt,
mir mein Augenlicht verbannt...

WARUM?

Sind wir nicht alle Menschen?
Was ist dieser Hass?
Was ist dieser Kampf?
Die Welt ist zu weit für uns alle.
Aber wir Menschen,
wir bringen uns gegenseitig um.
Dann fragen wir weshalb, warum?
Solange der Mensch mit sich selbst kämpft
werden auch die Kämpfe
auf der Erde nicht enden.
Bevor der Mensch seine Welt,
seine Umgebung ändern will,
muss er zuerst sich selbst ändern.

ICH SCHÄME MİCH

Je mehr ich die Menschen kennenlerne,
desto mehr liebe ich die Natur, die Tiere.
Kriege, Leid, Hass, Neid...
Kein Verständnis, keine Toleranz,
keine Liebe, kein Mitleid, nichts..
Manchmal schäme ich mich
ein Mensch zu sein.

SAGE ES MİR!

Deutschland,
Fremdes Land, kaltes Land.
Warum bist du so eiskalt?
Sage es mir!
Das habe ich immer noch nicht verstanden
bitte, erzähle es mir.
Nur Kummer, nur Sehnsucht, nur Schmerz...
Warum hast du kein Mitleid, kein Herz?
Sage mir bitte,
ist das nicht richtig?
Die Menschlichkeit, die Liebe
sind für mich wertvoll,
sind für mich bedeutsam...
Das Volk, das hier lebt,
über fünfzig Jahre lang
mal schönes, mal schlechtes durchlebt.
Manchmal haben wir geweint,
manchmal haben wir gelacht...

Wer hätte das gedacht?
Wir wären nur Arbeiter, nur hier um zu arbeiten*
ohne Gedanken, ohne Gefühle...
Warum ignorierst du das?
Warum siehst du das nicht?

Wir sind auch ein Volk, eine Nation,
mit Kultur - eine Zivilisation!

*„Wir riefen Arbeitskräfte, und es kamen Menschen"
(1911-1991) Max Rudolf Frisch,
Schweizer Schriftsteller und Architekt

DİE STÄDTE

Die Städte;
die blinden Dunkelheiten,
ihr schluckt die Menschen
in euren Unwissenheiten...
Nicht nur die Menschen,
nicht nur die Körper
auch deren Seelen, deren Menschlichkeit
ihr stehlt auch deren
Freiheit...

Die Städte,
die blinden Dunkelheiten.

QUALITÄT

Was ist uns
übrig geblieben von
den alten Kulturen, alten Zivilisationen?

Schau mal,
um dich herum,
ein paar Steine, Felsen,
von verschiedenen Nationen...

Tausende von Jahren
überlebten diese Bauten,
werden wir so lange überstehen wie unsere Werke?

EINE WELT IN FRIEDEN

Ich sehne mich nach einer Welt.
In Frieden...
in der keine Menschen getötet werden,
Kinder nicht weinen...
Die Welt kann nicht mehr
so viel Krieg, so viel Elend ertragen...
Wenn das so weiter geht,
sehen wir alle das Ende...

Eine Welt ohne Chaos,
eine Welt im Grünen;
eine Welt, in der die Wolken Hoffnungen tragen.
Eine Welt, in der die Vögel fröhliche Lieder singen.
Eine Welt, in der alle Menschen miteinander leben,
sich lieben...

„Laß mich ein Kind sein, sei es mit!"

Johann Christoph Friedrich von Schiller
(1759 - 1805), deutscher Dichter und Dramatiker

Du sollst nicht weinen du schönes Kind;
Du sollst immer lachen wie die Rosen,
Sowohl beim Regen sowohl beim Wind.
Du bist die Quelle aller Metamorphosen…

KİNDHEİT

Gerne würde ich einmal
in Vergangenes zurückkehren,
nur ein einziges Mal, nur einen einzigen Tag
wieder ein Kind sein...
Ohne Sorgen, ohne Ängste,
mit Bällen spielen,
auf Bäume klettern,
in Märchenbüchern blättern...

Aber die Zeit fließt wie Wasser,
man kann sie nicht aufhalten.
In der Erinnerung bleibt,
was man erlebt hat.

KRAFT DES LEBENS

Ein Kind lacht wie die Sonne.
Ein Kind gibt uns die Kraft des Lebens und wärmt uns.
Das Kind ist immer Mittelpunkt der Familie.
Es gab Nächte, in denen wir nicht schlafen konnten.
Es gab Tage, die wir mit dem Kind freudig verbrachten.
Nach all den vielen, schwierigen Tagen
haben wir nichts bereut.
Mit einer unbeschreiblichen Liebe
haben wir unser Kind betreut.

Es ist schön mit einem Kind, Kind zu sein.
Kein anderes Geschöpf kann das Glück geben, nein!
Mit einem Kind ist das Leben schön und bunt.

KNOSPEN DER WELT

Kinder;
Die Knospen dieser Welt,
die Erwachsenen der Zukunft.
Wer euch nicht liebt,
hat kein Herz, keine Vernunft...
Sie duften wie eine Rose, wie eine Kamille.
Sie sind wirklich die Liebe
der ganzen Familie.
Ich liebe die Kinder,
alle Kinder dieser Welt.
Sie sind alle, ja alle, liebenswert...
Sie geben, uns,
die Kraft des Lebens.
Was wäre die Welt ohne sie?
Das kann ich mir nicht ausmalen.
Mit diesen Gedanken möchte ich nicht
in Hoffnunglosigkeit versinken.

-mit den Augen eines 6 jährigen Kindes-

ICH BIN EIN KIND IN PALÄSTINA

Ich bin ein Kind in Palästina, in Bagdad,
in einem Blutbad...
Kein Wasser, kein Brot;
Jeden Tag ist der Himmel bleiern...
Jeden Tag ist der Himmel rot.
Warum ist das mein Schicksal?
Warum kann ich nicht zur Schule gehen?
Ich möchte auch lernen, schreiben,
Bilder malen, spielen, lachen...
Wie die anderen Kinder auf der Welt.
Wo ist die Chance, um das alles zu machen?

Jeden Tag Tränen in meinen Augen...
Jede Nacht Albträume, die kein Ende nehmen.
Eine Welt in Dunkelheit;
Ein Leben ohne Freiheit.

Die ganze Menschheit ist unser Zeuge;
Nur Bomben sind unsere Spielzeuge...

Es gab eine Welt in Frieden, in Liebe.
Von uns haben sie sie aber geklaut
Die Mörder und die Diebe!
Vor meinen Augen wurden meine Freunde
unbarmherzig geschlachtet!
Verloren habe ich seit dem die Freude am Leben...
Warum müssen wir, die Kinder in Bagdad, in Palästina,
in Somalia, überall auf der Welt, so leiden?
Warum ist die Welt so?
Mutter! Mutter!

Nimm mich, nimm mich bitte in deine Arme;
ich brauche mehr denn je deine Liebe, deine Wärme...

- für Aylan -

TOTE KINDER WEINEN NICHT

Ägäische Küste, wo der Tod auflauert...
Hier fängt das Leben an,
hier endet es...
Hier beginnt die Hoffnung,
hier leuchtet die Zukunft.
Hier spürst du in deiner Seele
einen tiefen Riss,
ein Beben ohne Vernunft.

Nicht die Leiche eines Kindes, nein,
sondern die Leiche der Menschheit
wurde hier ans Land gespült!
Wir sind schuld an deinem Tod,
kleiner Mensch mit rotem Shirt,
deshalb schäme ich mich ein Mensch zu sein.
Ein Mensch, der dir nicht helfen wollte,
ein Mensch, der dir nicht helfen konnte.
Ich war stumm und blind zu deinem Geschrei.

Du littest,
ohne zu wissen wieso?
Ohne zu verstehen warum du starbst?
Ohne zu begreifen was los ist
in dieser maroden Welt!

Foto: Nilüfer Demir (DHA)

Tote Kinder weinen nicht.

Sie brauchen keine Spielzeuge mehr,
weder Milch, noch Brot, kein Zuhause,
und keine Freiheit wie die Farbe des Himmels.

Tote Kinder lachen nicht,
weil sie nicht im Westen geboren sind.
Es gibt keine bunten Farben für sie.
Die Welt ist für sie nur schwarz oder weiß…
Das Leben ist für sie eiskalt oder höllenheiß…
Im Osten geht die Sonne nicht auf,
deshalb träumen tote Kinder nicht.

Die Waffen, die deine Träume vernichteten,
kamen überall aus der Welt.

Die, die Waffen lieben, können Kinder nicht lieben,
weil sie selbst nicht leben…

Mein Dankeschön geht an all meine aufmerksamen Leser/innen, die sich die Zeit genommen haben, meine Gedichte zu lesen.